Annette Weber

BEN BEI DEN PIRATEN

Verlag an der Ruhr

KiDS

Impressum

Titel
KidS – Klassenlektüre in drei Stufen
Ben bei den Piraten – Lesestufe 1

Autorin
Annette Weber

Titelbildmotiv und Illustrationen
Petra Lefin

Druck
Heenemann GmbH & Co. KG, Berlin, DE

Verlag an der Ruhr
Mülheim an der Ruhr
www.verlagruhr.de

Ab 7 Jahre

ISBN 978-3-8346-3797-0

Begleitendes Unterrichtsmaterial:
KidS – Literatur-Kartei: „Ben bei den Piraten“
3-fach differenzierter Lesebegleiter
ISBN 978-3-8346-3800-7
Oder als PDF unter **www.verlagruhr.de**:
ISBN 978-3-8346-3844-1

Inhalt

Die Pantoffeln sind schuld

Die 2b besichtigt Schloss Friedenstein. Am Eingang stehen große Pantoffeln. Die Kinder müssen sie anziehen. Der Holzboden darf keine Kratzer bekommen. Alle lachen. Die Pantoffeln sind riesig. Man kann toll damit rutschen. Der Boden ist glatt wie Eis.

Ben saust in das Jagdzimmer. „Bleib hier, Ben! Herr Enker zeigt uns das Schloss“, sagt Frau Bernau. So heißt Bens Lehrerin. Herr Enker zeigt der Klasse das Schloss. Die Kinder staunen.

Herr Enker erzählt vom Herzog und vom Leben im Schloss. Der Herzog und seine Familie lebten hier vor langer Zeit.

Die Klasse geht von Raum zu Raum. „Langweilig“, denkt Ben. Der Herzog interessiert ihn nicht. Nur das Rutschen macht Spaß.

Herr Enker führt die Klasse in das Schlafzimmer des Herzogs. Das Schlafzimmer ist sehr groß.

An der Wand entdeckt Ben ein altes Bild mit einem Schiff. Er zeigt auf das Bild. „Ist das ein Piratenschiff?“, fragt Ben.

„Ja“, sagt Herr Enker. „Ein Vorfahre des Herzogs war Seemann. Einmal wurde er von Piraten überfallen. Das Bild zeigt ihr Schiff.“ „Wow!“, staunt Ben. Er geht näher an das Bild heran.

Ein Pirat steht auf dem Schiff. Er trägt eine blaue Uniform und einen großen Hut. An der Seite hat der Pirat einen Säbel. Er hält ein Fernrohr in den Händen. Damit schaut er Ben ins Gesicht. Jetzt macht auch Ben ein Fernrohr mit seiner Hand. Dann schaut er den Piraten genau an. Der Pirat sieht sehr unheimlich aus.

„Wie heißt der Pirat?“, fragt Ben.
„Das ist Kapitän Wildfuchs.
Er gehörte zu den Windbeutern.
Das waren ganz gefährliche Piraten“,
erklärt Herr Enker.
„Oh! Der sieht böse aus“, ruft Ben.
„Lasst uns weitergehen!“, mault Tessa.

Herr Enker führt die Klasse weiter. Ben bleibt im Schlafzimmer. Der Pirat interessiert ihn. „Schau mal, wie ich rutschen kann!“, sagt Ben. Er nimmt Anlauf. Dann rutscht er. Ben wird schneller und schneller. Das Piratenschiff kommt immer näher. „Hilfe! Ich kann nicht bremsen“, ruft Ben.

Auf dem Ausguck

Ben hört eine wütende Stimme.
„He, du da oben! Schlaf nicht!“
Schlafen? Am Tag?
Natürlich nicht! Ben ist hellwach.
Die Sonne scheint. Der Wind ist rau.
„Was ist los? Siehst du ein Schiff?“,
ruft die Stimme lauter.
„Ein Schiff?“, fragt sich Ben.
„Mach deine Augen auf!“,
brüllt die Stimme.

Ben macht die Augen weit auf.
Wo ist er? Er ist in einem Korb.
Der Korb hängt in der Luft.
Ben schaut über das Geländer.
Dann kriegt er einen großen Schreck.

Unter Bens Korb geht es tief abwärts. Vor ihm liegt das stürmische Meer. „Dann nimm doch das Fernrohr!“, schreit die Stimme. Ben zittert. Er kann kaum stehen. Das kann doch nicht sein! Das ist doch ein Albtraum! Er ist auf einem Schiff. Mitten auf dem Ausguck.

„Nun mach schon! Das ist ein Befehl!“, brüllt die Stimme. Ben schaut nach unten. Ein Mann steht an Deck des Schiffes. Er schaut wütend zu ihm hinauf. Ben nimmt das Fernrohr. Seine Hände zittern. Jetzt schaut er in die Ferne.

„Kein Schiff in Sicht!“, ruft Ben. Aber eigentlich kann er gar nichts sehen. Er zittert zu sehr. „Dann komm endlich runter! Es gibt noch viel zu tun“, schreit der Mann. Runterkommen? Aber wie? „Wird’s bald?!“, brüllt der Mann.

Ben hält sich am Geländer fest. Er klettert langsam aus dem Korb. Dann ist er auf der Strickleiter. Ben hat Angst. Seine Hände sind feucht. Er darf nicht nach unten schauen. Ein Fehler und er wäre tot! Ben klettert ganz langsam die Strickleiter hinunter.

In Piratenhand

„An die Arbeit!“, schreit der Mann.
Ben zuckt zusammen.
Der Mann sieht aus wie ein Pirat:
Hemd, Hose, Stiefel, Kopftuch.
An der Seite hat er einen Säbel.
Auf seiner Schulter ist ein Totenschädel.
Der Pirat hat eine Narbe im Gesicht.
Er sieht schrecklich aus.

„Was soll ich …?“, fragt Ben unsicher.
„Das heißt: Jawohl, Herr Hauptmann!“, schreit ihn der Pirat an.
„Jawohl, Herr Hauptmann!“, flüstert Ben.
„Deck sauber machen. Aber schnell! Sonst musst du heute Würmer essen“, zischt der Pirat.
Ben sieht sich um.

Viele Seeleute schrubben das Deck.
Ben nimmt schnell eine Bürste und einen Eimer Wasser.
Er kniet sich neben die Männer.
„Wo bin ich hier?“, flüstert er seinem Nachbarn zu. Doch der antwortet nicht.

Plötzlich ist der Hauptmann hinter Ben: „Halt den Mund! Sonst melde ich dich Kapitän Wildfuchs. Und weißt du, was der dann mit dir macht?“ Ben schüttelt ängstlich den Kopf. „Er hängt dich über die Reling. Mit dem Kopf zuerst. Eine halbe Stunde lang“, erklärt der Hauptmann.

Da sagt Ben kein Wort mehr. Lange schrubbt er das Deck. Die Sonne brennt. Bens Hände sind vom Wasser ganz kalt. Er kann die Finger nicht mehr bewegen.

Jetzt hört Ben einen lauten Pfiff. Es ist Mittagszeit. Der Mann neben ihm steht langsam auf. Er hat einen Sonnenbrand. Ben ist müde und durstig. Fast hätte er das Putzwasser getrunken.

„In die Kombüse! Aber schnell!“, brüllt der Hauptmann. Eine Kombüse? Was soll das sein? Ben bleibt keine Zeit zum Überlegen. Die anderen schieben ihn vorwärts.

Ben stolpert eine Treppe hinunter. Plötzlich ist er in der Schiffsküche. Am Herd steht ein Mädchen. Es trägt ein Kopftuch und eine blaue Schürze.

„Wo ist dein Teller?“, fragt das Mädchen ärgerlich.
„Ich … ich weiß nicht“, stottert Ben.
Das Mädchen gibt ihm einen Teller und einen großen Löffel Brei.
Ben lässt fast den Teller fallen.
„Festhalten!“, schreit das Mädchen.
Es schaut Ben böse an.
Ihre Augen sind ganz schwarz und wild.
Ängstlich setzt sich Ben zu den anderen.

„Schmeckt scheußlich“, sagt ein Seemann neben Ben.
Ben isst einen Löffel von dem Brei.
Dann nickt er.
Der Brei schmeckt wie Haferschleim.
Ekelig!

„Das Mädchen ist unsere Gefangene“, erklärt der Seemann. „Wieso?“, will Ben wissen. „Sie ist die Tochter von Kapitän Bernstein. Das ist der Anführer der Bernstein-Piraten“, flüstert der Seemann.

„Wir haben seine Tochter entführt. Jetzt muss sie für uns kochen." „Das war keine gute Idee", sagt Ben. Ben kann gut kochen. Das hat er von seinen Eltern gelernt. Bens Eltern haben ein Restaurant. Manchmal hilft Ben ihnen in der Küche.

„An die Arbeit! Das andere Deck schrubben!", schreit der Hauptmann. Ben isst schnell seinen Teller leer.

Rollentausch

Ben kann nicht schlafen.
Die Hängematte schaukelt.
Ihm ist schlecht.
Sein Magen dreht sich.
Das ist bestimmt der Hunger.
Ben hat außer dem Brei nichts gegessen.
Die Piraten schlafen alle.
Nur der Steuermann ist wach.

Leise steht Ben auf. Er will in der Küche etwas zu essen suchen. Bens Magen knurrt. Er schleicht die Treppe hinunter. Dann betritt er die Kombüse.

In der Küche riecht es nach Haferschleim. Ben wird schlecht. Er will nicht wieder Haferschleim essen. Plötzlich sieht er das Mädchen. Es liegt auf einer Bank und schläft. Auf dem Tisch steht ein Topf. Leise hebt Ben den Deckel.

„Finger weg!“, ruft eine Stimme. Es ist das Mädchen. „Was willst du hier?“, fährt sie ihn an. „Ich muss etwas essen. Aber keinen Haferschleim!“, murmelt Ben. Das Mädchen schaut ihn böse an: „Das fehlte gerade noch. Sie nehmen mich gefangen. Und dann soll ich auch noch etwas Leckeres kochen?!“

„Wer bist du?“, will Ben wissen.

„Ich heiße Emma Bernstein. Mein Vater ist der Kapitän der Bernstein-Piraten. Er ist der gefährlichste Pirat der Welt. Wir haben gegen diese Idioten gekämpft. Und dann wurde ich ihre Gefangene.“

„Welche Idioten?“, fragt Ben.

„Na, die Windbeuter-Piraten. Sie sind unsere größten Feinde“, erklärt Emma.

„Wow“, sagt Ben beeindruckt.

„Die Windbeuter haben uns überfallen. Wir haben gekämpft wie die Löwen“, sagt Emma.

„Wow!“, sagt Ben noch einmal.

Er kann sich Emma gut mit einem Säbel vorstellen.

„Dann haben sie mich aber gepackt. Zu dritt! Ich wurde ihre Gefangene. Jetzt soll ich für die Windbeuter kochen. Stell dir das mal vor!“, ruft Emma.

„So schlimm ist das doch nicht. Putzen ist schlimmer!“, sagt Ben. „Aber nicht für mich. Ich hasse Kochen!“, zischt Emma. „Ich kann gut kochen“, sagt Ben. „Wirklich?“, fragt Emma. Sie schaut Ben nachdenklich an.

Emmas Augen leuchten.
„Bitte lass uns tauschen. Ich werde Pirat und du Koch“, bettelt sie.
Ben überlegt. Die Idee ist total verrückt.
„Aber das merken sie doch“, sagt er.
Emma winkt ab:
„Die sind doch alle auf einem Auge blind. Und Mädchen beachten sie sowieso nicht.“

Ben denkt nach. Die Idee ist verrückt.
Aber er müsste dann nicht mehr das Deck schrubben.
Er könnte kochen und selbst etwas Leckeres essen.
Er müsste auch nicht mit dem Säbel kämpfen. Davor hat er sowieso Angst.

„Okay. Ich mach’s“, sagt Ben.

„Danke. Das vergesse ich dir nie!“, ruft Emma.

Sie schneidet ihre Haare ab.

Emma sieht jetzt wie ein Junge aus.

Ben bindet sich Emmas Kopftuch und die Schürze um.

Der gute Koch

„He, Kleiner! Geh auf den Ausguck! Halte nach Schiffen Ausschau!“, sagt der Hauptmann am nächsten Tag zu Emma. „Mach ich!“, sagt Emma. Sie klettert schnell die Strickleiter hinauf.

Ben geht in die Küche. Hoffentlich merkt keiner etwas. Ben ist gern in der Küche. Hier hat er seine Ruhe.

Ben schaut in die Speisekammer. Dort gibt es Öl, Mehl, Gewürze, Nüsse und Honig. Ben findet auch ein paar Eier. Damit will er einen Kuchen backen. Ben knetet alles zu einem Teig. Im Schrank findet er etwas Hefe. Ben mischt die Hefe unter den Teig. Dann feuert er den Backofen an und schiebt den Kuchen hinein.

„Wie riecht es denn hier?“
Plötzlich ist Kapitän Wildfuchs hinter Ben.
Er sieht gefährlich aus.
Wie auf dem Bild im Schloss Friedenstein.
Ben erkennt den Kapitän sofort wieder.
„Ich habe Kuchen gebacken“, erklärt er schüchtern.

„Kuchen? Was ist das?“, fragt Kapitän Wildfuchs. Ben ist sprachlos.
Soll das ein Witz sein?

„Das ist ein süßes Brot“, erklärt Ben.
„Das riecht gut!“, brummt der Kapitän.
„Ich rufe meine Männer. Wir teilen uns das Brot. Und du backst noch mehr davon. Aber schnell!“, sagt der Kapitän und hebt den Säbel.
Ben nickt und backt schnell drei weitere Kuchen.

Die Piraten stehen schon vor der Tür. Der Duft des Kuchens hat sie angelockt. „Esst, Freunde! Esst, so viel ihr wollt!“, ruft Kapitän Wildfuchs. Dann dreht er sich zu Ben um: „Back noch mehr von dem süßen Brot. Aber schnell!“

Ben backt einen Kuchen nach dem anderen. Die Piraten sind sehr hungrig. Sie stopfen den Kuchen in den Mund.

„Vorsicht! Der Kuchen ist noch warm. Davon kann man Bauchweh bekommen“, sagt Ben. Die Piraten lachen. Bauchweh vom leckeren Essen? Das hatten sie noch nie! Nur von den Maden und Würmern.

Nach einer Stunde geht es plötzlich los.
Die Piraten haben Bauchweh.
Sie wälzen sich auf dem Boden.

„Das Mädchen hat uns vergiftet!“, schreit Kapitän Wildfuchs plötzlich. Die Piraten stehen langsam auf. Sie drehen sich nach Ben um. Dann greifen sie nach dem Säbel.

„Was hast du in das Brot gemischt?“, flucht der Hauptmann. „Ni…ni…nichts. Nur Honig und Nüsse. Und ein bisschen Hefe!“, stottert Ben. „Und ein bisschen Gift!“, schreit der Kapitän. „Nein, nein!“, antwortet Ben. Aber die Piraten glauben ihm nicht.

Der Überfall

Kapitän Wildfuchs kommt auf Ben zu.
„Wenn ich dich erwische!“, zischt er.
Er packt ihn am Kragen.
„Hilfe!“, flüstert Ben.

Plötzlich hört Ben etwas auf dem Deck.
Es hört sich wie ein Stöhnen an.
Der Kapitän lässt Ben erschrocken los.
„Was ist passiert?“, fragt er.
In dem Moment stürmen fremde Piraten in die Kombüse.
Sie tragen eine andere Uniform:
schwarze Jacken und rote Hosen.
Auf ihren Hüten ist ein Totenschädel.
Die Piraten tragen eine Kette aus Bernsteinen. Emma führt die Gruppe an.

„Mist! Die Bernstein-Piraten!“, flucht Kapitän Wildfuchs. „Überfall!“, brüllt ein Mann. „Ihr habt meine Tochter entführt. Dafür müsst ihr bezahlen!“

Emmas Vater rennt auf Kapitän
Wildfuchs zu. Er schreit:
„Kämpf mit mir! Auf Leben und Tod!“
Dann schwingt er seinen Säbel.

Kapitän Wildfuchs ist noch grün im Gesicht. Doch er zieht seinen Säbel. „Auf Leben und Tod!“, murmelt er. Das klingt nicht sehr gefährlich. Emmas Vater ist stärker. Das sieht Ben sofort.

„Aufs Deck!“, schreit Emmas Vater. Seine Stimme klingt sehr böse. Ben hat richtig Angst. Emmas Vater stößt Kapitän Wildfuchs die Treppe hinauf. An Deck ist es laut. Es gibt dort wohl einen großen Kampf. Was soll Ben nur tun? Er kann kochen, nicht kämpfen.

Ben bleibt ängstlich in der Küche zurück.
Er lässt die Tür nicht aus den Augen.
Plötzlich öffnet sich die Tür.
Ben hält die Luft an. Sein Herz klopft.

Es ist Kapitän Wildfuchs!
Er richtet seinen Säbel auf Ben.
Sein Gesicht ist rot vor Zorn:
„Du wolltest uns vergiften.
Dafür musst du bezahlen!"
„Wie bitte?", ruft Ben.
Doch der Kapitän lacht nur böse:
„Du bist meine Geisel!"
Ben zittert. Seine Knie werden weich.

Kapitän Wildfuchs fesselt Bens Hände.
„Au!", jammert Ben.
Der Kapitän lacht nur laut.
Dann stößt er Ben die Treppe hinauf.

Ben als Geisel

An Deck ist ein großes Durcheinander. Alle Piraten kämpfen. Ihre Klingen schlagen gegeneinander. Die Männer schreien. „Halt!“, brüllt Kapitän Wildfuchs. Alle schauen nun zu ihm.

Kapitän Wildfuchs stößt Ben in die Mitte des Decks. Er schreit: „Kapitän Bernstein, lasst meine Männer in Ruhe! Dann bekommt ihr eure Tochter zurück.“

Emmas Vater lässt den Säbel sinken. Erst reibt er sich die Augen. Dann krault er seinen Bart. „Wer soll das sein?“, fragt er. „Erkennst du deine Tochter nicht?“, fragt Kapitän Wildfuchs.

„Das ist Emma …“, beginnt der Kapitän. Dann bricht er ab. Er ist sich nicht mehr so sicher. Emmas Vater lacht laut: „Meine Tochter? Das ist doch ein Junge. Meine Emma ist da hinten!“ Alle drehen sich nach Emma um. Sie kämpft gerade gegen drei Männer.

„Und wer ist das?“, flucht Kapitän Wildfuchs. Er zeigt auf Ben.

Ben zittert am ganzen Körper.

„Ich kenne den Jungen nicht. Er wollte euch wohl vergiften“, sagt Emmas Vater.

„Ja, das wollte er!“, schreit Kapitän Wildfuchs.

„Das ist feige und unfair! Wir kämpfen mit dem Säbel. Alles andere sind Verräter. Verräter gehören ins Meer!“, ruft der Hauptmann. Er zieht den Säbel.

Ben hat Angst. Sein Herz klopft wild.

„Bitte tun Sie mir nichts“, flüstert er.

Plötzlich ist Emma neben ihrem Vater: „Ben ist mein Freund. Er hat seine Kleidung mit mir getauscht. Dann hat er die Windbeuter mit warmem Brot gefüttert. Deshalb sind sie so schwach. Ohne Ben hätten wir den Kampf nie gewonnen."

„Dann schnappt euch den Jungen und nehmt ihn mit!", ruft Emmas Vater. Die Bernstein-Piraten tragen Ben auf ihr Schiff.

„Nichts wie weg!", brüllt Emma.

„Bin ich jetzt wirklich in Sicherheit?“, fragt Ben etwas unsicher.

„Natürlich! Du hast uns doch gerettet“, lacht Emma.

„Du bist ein Prachtkerl! Ich werde dich zu unserem Hauptmann machen“, sagt Kapitän Bernstein.

Ben ist ganz verlegen.

„Ich würde viel lieber für euch kochen“, sagt er. Emmas Vater lacht laut.

„Du bekommst die besten Zutaten“, verspricht er.

Erwacht

Ben fühlt starke Arme um sich.
Jemand hält ihn fest.
Eine Hand schlägt gegen seine Wangen.
„Au! Lass das!“, knurrt Ben.
„Er lebt“, sagt eine Stimme.
„Er erwacht“, sagt eine andere.
Ben ist verwirrt. Wer spricht da?
Er öffnet langsam die Augen.
Und dann blickt er in das Gesicht seiner Lehrerin.

Er liegt in ihren Armen.
Wie ein Baby! Wie peinlich!
„Wo bin ich? Was ist passiert?
Wo sind die Piraten?“, stammelt Ben.
Er richtet sich auf.

„Piraten? Du bist im Schloss Friedenstein“, antwortet Frau Bernau.
„Oh!“, sagt Ben. Er legt sich wieder hin.
Sein Kopf tut weh.

„Er ist gegen die Wand gelaufen“, sagt Frau Bernau. „Typisch Jungs“, zischt Tessa. Ben würde gerne etwas sagen. Aber es geht ihm schlecht.

„Vielleicht hat er eine Gehirnerschütterung. Wir rufen besser einen Krankenwagen“, sagt Herr Enker. „Ich rufe seine Mutter an“, meint Frau Bernau. „Mir geht es gut“, ruft Ben. Er hat doch keine Gehirnerschütterung! Er hatte einen Kampf gegen die Piraten!

Aber die Lehrerin hört nicht auf Ben.
„Bitte kommen Sie ins Krankenhaus.
Ihr Sohn hatte einen kleinen Unfall“,
sagt sie am Handy zu Bens Mutter.

Im Krankenhaus wird Ben untersucht. Aber es ist nicht so schlimm. Eine Stunde später kann er nach Hause. „Du warst so tapfer! Du hast gar nicht geweint. Auch nicht beim Blutabnehmen!“, sagt Bens Mutter. „Ehrensache“, sagt Ben. Immerhin war er vor einer Stunde noch bei den Piraten!

Ben darf sich ein Geschenk aussuchen. Seine Mutter geht mit ihm in ein Spielzeug-Geschäft. Ben sieht ein großes Piratenschiff. Ein Pirat grinst ihn an. Ben lacht. „Schenk mir das Piratenschiff!“, bittet er. Und das macht seine Mutter dann auch.

Über die Autorin

Hallo, du!
Ich freue mich sehr, dass du mein Buch „Ben bei den Piraten“ gelesen hast. Ich habe es nämlich sehr gerne geschrieben.
Mein Name ist Annette Weber. Ich lebe mit meiner Familie in Bad Lippspringe, einer kleinen Stadt in Westfalen. Seit etwa 30 Jahren schreibe ich Bücher für Kinder und Jugendliche. Früher habe ich als Grundschullehrerin gearbeitet, aber seit zehn Jahren schreibe ich nur noch. Meinen Beruf liebe ich über alles. Wenn die Tastatur meines Computers klappert, bin ich richtig glücklich.

Es würde mich sehr interessieren, wie dir mein Buch gefallen hat. Hast du Lust, mir zu schreiben? Ich antworte auch ganz bestimmt.

Schreib einfach an den

Verlag an der Ruhr
Postfach 102251
45422 Mülheim an der Ruhr

Viele liebe Grüße

Annette Weber